ROBERTO SCHWARZ

as ideias Fora do LuGar

& Nacional POR SUBTRAÇÃO

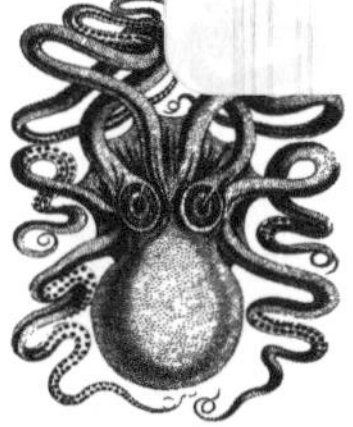

CADERNOS
ULTRAMARES

ORGANIZAÇÃO E PROJETO GRÁFICO

Marcos Lacerda, Ana Paula Simonaci e Sergio Cohn

CONSELHO EDITORIAL

André Botelho

Bernardo Esteves

Boaventura de Souza Santos

Evelyn Goyannes Dill Orrico

Fréderic Vanderberghe

José Luis Garcia

Maria João Cantinho

Renato Rezende

Teresa Arijón

Vagner Amaro

ISBN 9786586962376

5 APRESENTAÇÃO

11 AS IDEIAS FORA DO LUGAR

41 NACIONAL POR SUBTRAÇÃO

azougue press |
coordenação geral Sergio Cohn
coordenação editorial
Sergio Cohn — Darien Lamen — Cristián Jiménez Plaza
Brasil | CNPJ 12.272.339/0001-26
Portugal | Oca Editorial NF 515805394
USA | E. Id. 803650511
Chile | Tucán Ediciones RUT 77.369.106-1

A proposta dos Cadernos Ultramares é transpor fronteiras. Não apenas geográficas, com a edição de um amplo panorama do pensamento brasileiro para o público português, mas também entre as áreas do saber, criando uma coleção transdisciplinar, acessível não apenas para leitores especializado, pesquisadores e acadêmicos, como para interessados em geral.

Para isto, os Cadernos Ultramares privilegiam a leveza do ensaio, a "brigada ligeira", utilizando-se de um gênero marcado pela abertura e experimentação, uma forma privilegiada para a proposição e a apresentação de interpretações da cultura e da sociedade. Nos últimos anos, o gênero ensaio tem sido revalorizado como um importante meio de diálogo entre a pesquisa acadêmica e a sociedade.

O Brasil possui uma produção riquíssima de pensamento em diversas áreas, que vão da física à antropologia, da matemática às artes. Os Cadernos Ultramares, ao trazerem importantes textos de alguns dos nossos mais renomados pensadores, sejam clássicos ou contemporâneos, busca possibilitar ao leitor um olhar amplo e qualificado sobre essa produção.

Interessa-nos a constituição de um diálogo entre áreas, de uma conversa aberta que escape das armadilhas do pensamento especializado e do produtivismo acadêmico. Interessa, antes de tudo, a valorização do encontro do leitor com o sabor do texto, do prazer da leitura e da troca livre de pensamento.

apresentação
POR MARCOS LACERDA

Roberto Schwarz (1938) é um dos principais pensadores críticos do marxismo heterodoxo mundial. Além disso, ele é um dos mais importantes autores do pensamento social brasileiro, ao lado de Antonio Candido, Francisco de Oliveira, Florestan Fernandes, Paulo Arantes, Maria Sylvia Carvalho, entre outros. Sua obra é vasta, abrangendo análises de literatura, cinema, arquitetura, teatro e movimentos estéticos associados à canção popular, numa perspectiva crítica que tensiona forma artística e processo social, análise estilística e reflexão histórico-social. Não seria exagero dizer que ela se situa no que de melhor se construiu no pensamento social no Brasil, em autores como Joaquim Nabuco, Gilberto Freyre, Sérgio Buarque de Hollanda, Caio Prado Junior, e os já citados Florestan Fernandes e Antonio Candido.

Sua formação, podemos dizer, se divide em dois polos: teoria crítica de Theodor Adorno, Walter Benjamim e Gyorgy Lukács, e o pensamento social brasileiro de Antonio Candido ao lado de um conjunto de intelectuais da USP, a Universidade de São Paulo, caso de Maria Sylvia Carvalho, Fernando Henrique Cardoso, José Arthur Giannotti, Bento Prado Júnior, Francisco de Oliveira e Michael Lowy. Tudo tendo como base a obra de Marx e as formas artísticas em geral, com especial atenção para a literatura de Machado de Assis. É importante dizer que foi nessa ambiência da USP, em São Paulo, que se produziu alguns dos estudos críticos mais cosmopolitas e com espírito de invenção permanente no século XX brasileiro.

Sobre Machado de Assis, Roberto Schwarz publicou duas das suas principais obras ensaísticas: *Ao vencedor, as batatas* (1977) e *Um mestre na periferia do capitalismo* (1990), além de uma série de ensaios presentes nos seus livros em geral. Entre os seus principais livros, além dos já mencionados, cabe destacar *O pai de família e outros estudos* (1978), que reúne o conjunto de ensaios a respeito do complexo contexto político e estético do Brasil entre 1964 e 1978, e que envolve uma das mais importantes movimentações das artes e da cultura no país, ao lado do desenvolvimento de uma ditadura civil-militar que durou mais de duas décadas. O seu ensaio, já considerado clássico, "Cultura e Política: 1964-1969", presente no livro, é um dos retratos analíticos mais agudos e consistentes do período; *Que horas são?* (1987), que inclui ensaios sobre poesia modernista, mediante uma análise do poeta Oswald de Andrade, autor do manifesto antropofágico ("A carroça, o bonde e o poeta modernista"), poesia concretista ("Marco da história"), análise crítica de um dos ensaios mais importantes de Antonio Candido ("Pressuposto, salvo engano, de Dialética da Malandragem"), o tema da composição formal em Machado de Assis ("Complexo, Moderno, Nacional e Negativo"); *Sequências brasileiras* (1999), que mantém os seus principais temas, tais como a obra crítica de Antonio Candido ("Sobre a formação da literatura brasileira" e "Adequação nacional e originalidade da crítica"), Machado de Assis ("A nota específica"), e inclui abordagens de obras mais contemporâneas, casos do romance *Cidade de Deus*, de Paulo Lins ("Cidade de Deus"), *Estorvo*, de Chico Buarque ("Um romance de Chico Buarque"), além do ensaio que conta uma das mais importantes histórias das movimentações do pensamento e da crítica no Brasil ("Um seminário de Marx"), e da criação do departamento de filosofia da USP como um marco do pensamento mais rigoroso e de vanguarda no Brasil ("Um departamento francês de ultramar"); por fim, o mais recente, *Martinha versus Lucrécia* (2012), em que temos ensaios sobre Machado de Assis ("Leituras em competição" e "A viravolta machadiana"), seus pares intelectuais de formação uspiana ("Prefácio a Francisco Oliveira, com perguntas", "O neto corrige o avô (Giannotti vs. Marx)", "Gilda de Melo e Souza", "Às voltas com Bento Prado" e "Aos olhos de um velho amigo") sobre, respectivamente, Francisco Oliveira, José Arthur Giannotti, Gilda de Melo e Souza, Bento Prado Junior e Michael Lowy; uma entrevista a respeito de Adorno ("Sobre Adorno") e o maravilhoso ensaio a respeito do livro *Verdade tropical*, de Caetano Veloso ("Verdade Tropical: um percurso do nosso tempo").

Para os Cadernos Ultramares foram selecionados dois textos – "As ideias fora do lugar" (1977), publicado no livro *Ao vencedor, as batatas*; e "Nacional por subtração" (1987), publicado no livro *Que horas são?*. São dois dos ensaios mais densos escritos no Brasil sobre a relação entre ideia e matéria, pensamento e vida social, cultura e sociedade. "Ideias fora do lugar" e "Nacional por subtração" apresentam um paradoxo vivido pela sociedade brasileira como um mal-estar, no qual há uma sensação de deslocamento entre as ideias e o lugar, entre a cultura e a sociedade, de tal modo que se transformou numa espécie de senso comum difuso, presente na intelectualidade mais culta, nos movimentos literários mais arrojados, e também nas vivências do cotidiano de todo brasileiro. A sensação de que "somos uns desterrados em nossa própria terra", na conhecida formulação de Sérgio Buarque de Holanda, em *Raízes do Brasil* (1936), envolve diferentes aspectos da realidade social e cria uma tensão permanente. A tensão entre a impressão do caráter postiço, superficial, falso das ideias e as ambiências próprias, concretas, "verdadeiras" da vida social é, a um só tempo, uma singularidade da sociedade brasileira e um traço da dinâmica do capitalismo mundial no Brasil. É a maneira como o Brasil está inserido no mundo e, ao mesmo tempo, a maneira como o mundo se diz através do Brasil, sem que isso soe como qualquer retórica de misticismo pequeno-burguês. Talvez fosse até melhor dizer: a maneira como o jogo complexo entre forças produtivas, relações sociais de produção e formação de ideias e formas artísticas, que é mundial, gera arranjos, viravoltas e imbróglios em espaços específicos, como no caso do Brasil, integrado ao mundo do Capital desde a sua gênese, como colônia exportadora de matérias-primas, com trabalho escravo e economia mercantil, passando pela condição agro-exportadora com trabalho "livre", pela industrialização e a situação do subdesenvolvimento e, por fim, pela inserção precária na nova ordem neoliberal pós-Guerra Fria, nem subdesenvolvido (como promessa da possibilidade de desenvolvimento), nem desenvolvido.

A aproximação entre os dois textos é clara. Nos dois casos a constatação de um paradoxo: a sensação de deslocamento entre as ideias e a vida material, o pensamento e as formas sociais, as formas artísticas e intelectuais e os processos sociais na sociedade brasileira. Deslocamento interpretado como disparate pelos principais autores brasileiros, desde pelo menos o século XIX, e compreendido de diferentes maneiras, com variado leque de valores morais, políticos, estéticos e sociais. A interpretação deste deslocamento como sem função e sentido é falsa. O deslocamento existe e é, à sua maneira, funcional. O quiproquó da ênfase na suposta inadequação como problema a ser solucionado – pela via conservadora ou progressista – oculta o que a sensação da inadequação revela: a singularidade do modo como a sociedade brasileira está integrada ao capitalismo internacional e o modo como formas artísticas, analisadas na sua condição de "forma objetiva", revelam esta singularidade, dependente e desigual, diversa, mas não alheia. É o que veremos nos dois ensaios deste volume.

as ideias fora do lugar

Toda ciência tem princípios, de que deriva o seu sistema. Um dos princípios da Economia Política é o trabalho livre. Ora, no Brasil domina o fato "impolítico e abominável" da escravidão.

Este argumento – resumo de um panfleto liberal, contemporâneo de Machado de Assis[1] – põe fora o Brasil do sistema da ciência. Estávamos aquém da realidade a que esta se refere; éramos antes um fato moral, "impolítico e abominável". Grande degradação, considerando-se que a ciência eram as Luzes, o Progresso, a Humanidade etc. Para as artes, Nabuco expressa um sentimento comparável quando protesta contra o assunto escravo no teatro de Alencar: "Se isso ofende o estrangeiro, como não humilha o brasileiro!"[2]. Outros autores naturalmente fizeram o ra-

1 A. R. de Torres Bandeira, "A liberdade do trabalho e a concorrência, seu efeito, são prejudiciais à classe operária?", in *O Futuro*, n.º IX, 15-1-1863. Machado era colaborador constante nesta revista.
2 *A Polêmica Alencar-Nabuco*, organização e introdução de Afrânio Coutinho, Ed. Tempo Brasileiro, R. J., 1965, p. 106.

ciocínio inverso. Uma vez que não se referem à nossa realidade, ciência econômica e demais ideologias liberais é que são, elas sim, abomináveis, impolíticas e estrangeiras, além de vulneráveis. Antes bons negros da costa da África para felicidade sua e nossa, a despeito de toda a mórbida filantropia britânica, que, esquecida de sua própria casa, deixa morrer de fome o pobre irmão branco, escravo sem senhor que dele se compadeça, e hipócrita ou estólida chora, exposta ao ridículo da verdadeira filantropia, o fado de nosso escravo feliz[3].

Cada um a seu modo, estes autores refletem a disparidade entre a sociedade brasileira, escravista, e as ideias do liberalismo europeu. Envergonhando a uns, irritando a outros, que insistem na sua hipocrisia, estas ideias em que gregos e troianos não reconhecem o Brasil – são referências para todos. Sumariamente está montada uma comédia ideológica, diferente da europeia. É claro que a liberdade do trabalho, a igualdade perante a lei e, de modo geral, o universalismo eram ideologia na Europa também; mas lá correspondiam às aparências, encobrindo o essencial – a exploração do trabalho. Entre nós, as mesmas ideias seriam falsas

3 Depoimento de uma firma comercial, M. Wright & Cia., com respeito à crise financeira dos anos 1850. Citado por Joaquim Nabuco, *Um Estadista do Império*, S. P., 1936, vol. 1, p. 188, e retomado por S. B. de Holanda, *Raízes do Brasil*, J. Olympio, R. J., 1956, p. 96.

num sentido diverso, por assim dizer, original. A *Declaração dos Direitos do Homem*, por exemplo, transcrita em parte na Constituição Brasileira de 1824, não só não escondia nada, como tornava mais abjeto o instituto da escravidão[4]. A mesma coisa para a professada universalidade dos princípios, que transformava em escândalo a prática geral do favor. Que valiam, nestas circunstâncias, as grandes abstrações burguesas que usávamos tanto? Não descreviam a existência – mas nem só disso vivem as ideias. Refletindo em direção parecida, Sérgio Buarque observa: "Trazendo de países distantes nossas formas de vida, nossas instituições e nossa visão do mundo e timbrando em manter tudo isso em ambiente muitas vezes desfavorável e hostil, somos uns desterrados em nossa terra"[5]. Essa impropriedade de nosso pensamento, que não é acaso, como se verá, foi de fato uma presença assídua, atravessando e desequilibrando, até no detalhe, a vida ideológica do Segundo Reinado. Frequentemente inflada, ou rasteira, ridícula, ou crua, e só raramente justa no tom, a prosa literária do tempo é uma das muitas testemunhas disso.

4 E. Viotti da Costa, "Introdução ao estudo da emancipação política", in C. G. Mota ed., *Brasil em Perspectiva*, Difusão Europeia do Livro, S. P., 1968.
5 S. B. de Holanda, op. cit., p. 15.

Embora sejam lugar-comum em nossa historiografia, as razões desse quadro foram pouco estudadas em seus efeitos. Como é sabido, éramos um país agrário e independente, dividido em latifúndios, cuja produção dependia do trabalho escravo por um lado, e por outro do mercado externo. Mais ou menos diretamente, vêm daí as singularidades que expusemos. Era inevitável, por exemplo, a presença entre nós do raciocínio econômico burguês – a prioridade do lucro, com seus corolários sociais – uma vez que dominava no comércio internacional, para onde a nossa economia era voltada. A prática permanente das transações escolava, neste sentido, quando menos uma pequena multidão. Além do que, havíamos feito a Independência há pouco, em nome de ideias francesas, inglesas e americanas, variadamente liberais, que assim faziam parte de nossa identidade nacional. Por outro lado, com igual fatalidade, este conjunto ideológico iria chocar-se contra a escravidão e seus defensores, e o que é mais, viver com eles[6]. No plano, das convicções, a incompatibilidade é clara, e já vimos exemplos. Mas também no plano prático ela se fazia sentir. Sendo uma propriedade, um escravo pode ser vendido, mas não despedido. O trabalhador livre, nesse ponto, dá

6 E. Viotti da Costa, op. cit.

mais liberdade a seu patrão, além de imobilizar menos capital. Este aspecto – um entre muitos – indica o limite que a escravatura opunha à racionalização produtiva. Comentando o que vira numa fazenda, um viajante escreve: "não há especialização do trabalho, porque se procura economizar a mão-de-obra". Ao citar a passagem, Fernando Henrique Cardoso observa que "economia" não se destina aqui, pelo contexto, a fazer o trabalho num mínimo de tempo, mas num máximo. É preciso espichá-lo, a fim de encher e disciplinar o dia do escravo. O oposto exato do que era moderno fazer. Fundada na violência e na disciplina militar, a produção escravista dependia da autoridade, mais que da eficácia[7]. O estudo racional do processo produtivo, assim como a sua modernização continuada, com todo o prestígio que lhes advinha da revolução que ocasionavam na Europa, eram sem propósito no Brasil. Para complicar ainda o quadro, considere-se que o latifúndio escravista havia sido na origem um empreendimento do capital comercial, e que portanto o lucro fora desde sempre o seu pivô. Ora, o lucro como prioridade subjetiva é comum às formas antiquadas do capital e às mais modernas. De

7 F. H. Cardoso, *Capitalismo e Escravidão*, Difusão Europeia do Livro, S. P., 1962, p. 189-191 e 198

sorte que os incultos e abomináveis escravistas até certa data – quando esta forma de produção veio a ser menos rentável que o trabalho assalariado – foram, no essencial, capitalistas mais consequentes do que nossos defensores de Adam Smith, que no capitalismo achavam antes que tudo a liberdade. Está se vendo que para a vida intelectual o nó estava armado. Em matéria de racionalidade, os papéis se embaralhavam e trocavam normalmente: a ciência era fantasia e moral, o obscurantismo era realismo e responsabilidade, a técnica não era prática, o altruísmo implantava a mais-valia etc. E, de maneira geral, na ausência do interesse organizado da escravaria, o confronto entre humanidade e inumanidade, por justo que fosse, acabava encontrando uma tradução mais rasteira no conflito entre dois modos de empregar os capitais – do qual era a imagem que convinha a uma das partes[8].

Impugnada a todo instante pela escravidão a ideologia liberal, que era a das jovens nações emancipadas da América, descarrilhava. Seria fácil deduzir o sistema de seus contra-sensos, todos verdadeiros, muitos dos quais agitaram a consciência teórica e moral de

8 Conforme observa Felipe de Alencastro em trabalho ainda inédito, a verdadeira questão nacional de nosso século XIX foi a defesa do tráfico negreiro contra a pressão inglesa. Uma questão que não podia ser menos propícia ao entusiasmo intelectual.

nosso século XIX. Já vimos uma coleção deles. No entanto, estas dificuldades permaneciam curiosamente inessenciais. O teste da realidade não parecia importante. É como se coerência e generalidade não pesassem muito, ou como se a esfera da cultura ocupasse uma posição alterada, cujos critérios fossem outros – mas outros em relação a quê? Por sua mera presença, a escravidão indicava a impropriedade das ideias liberais; o que entretanto é menos que orientar-lhes o movimento. Sendo embora a relação produtiva fundamental, a escravidão não era o nexo efetivo da vida ideológica. A chave desta era diversa. Para descrevê-la é preciso retomar o país como todo. Esquematizando, pode-se dizer que a colonização produziu, com base no monopólio da terra, três classes de população: o latifundiário, o escravo e o "homem livre", na verdade dependente. Entre os primeiros dois a relação é clara, é a multidão dos terceiros que nos interessa. Nem proprietários, nem proletários, seu acesso à vida e a seus bens depende materialmente do favor, indireto ou direto, de um grande[9]. O agregado é a sua caricatura. O favor é, portanto, o mecanismo através do qual se reproduz uma das grandes classes da sociedade,

9 Para uma exposição mais completa do assunto, Maria Sylvia de Carvalho Franco, *Homens Livres na Ordem Escravocrata*, Instituto de Estudos Brasileiros, S. P., 1969.

envolvendo também outra, a dos que têm. Note-se ainda que entre estas duas classes é que irá acontecer a vida ideológica, regida, em consequência, por este mesmo mecanismo[10]. Assim, com mil formas e nomes, o favor atravessou e afetou no conjunto a existência nacional, ressalvada sempre a relação produtiva de base, esta assegurada pela força. Esteve presente por toda parte, combinando-se às mais variadas atividades, mais e menos afins dele, como administração, política, indústria, comércio, vida urbana, Corte etc. Mesmo profissões liberais, como a medicina, ou qualificações operárias, como a tipografia, que, na acepção europeia, não deviam nada a ninguém, entre nós eram governadas por ele. E assim como o profissional dependia do favor para o exercício de sua profissão, o pequeno proprietário depende dele para a segurança de sua propriedade, e o funcionário para o seu posto. O favor é a nossa mediação quase universal – e sendo mais simpático do que o nexo escravista, a outra relação que a colônia nos legara, é compreensível que os escritores tenham baseado nele a sua interpretação do Brasil, involuntariamente disfarçando a violência, que sempre reinou na esfera da produção.

10 Sobre os efeitos ideológicos do latifúndio, ver o cap. III de *Raízes do Brasil*, "A herança rural".

O escravismo desmente as ideias liberais; mais insidiosamente o favor, tão incompatível com elas quanto o primeiro, as absorve e desloca, originando um padrão particular. O elemento de arbítrio, o jogo fluido de estima e auto-estima a que o favor submete o interesse material, não podem ser integralmente racionalizados. Na Europa, ao atacá-los, o universalismo visara o privilégio feudal. No processo de sua afirmação histórica, a civilização burguesa postulara a autonomia da pessoa, a universalidade da lei, a cultura desinteressada, a remuneração objetiva, a ética do trabalho etc. – contra as prerrogativas do Ancien Régime. O favor, ponto por ponto, pratica a dependência da pessoa, a exceção à regra, a cultura interessada, remuneração e serviços pessoais. Entretanto, não estávamos para a Europa como o feudalismo para o capitalismo, pelo contrário, éramos seus tributários em toda linha, além de não termos sido propriamente feudais – a colonização é um feito do capital comercial. No fastígio em que estava ela, Europa, e na posição relativa em que estávamos nós, ninguém no Brasil teria a ideia e principalmente a força de ser, digamos, um Kant do favor, para bater-se contra o outro[11]. De modo que o confronto entre esses prin-

11 Como observa Machado de Assis, em 1879, o influxo externo é

cípios tão antagônicos resultava desigual: no campo dos argumentos prevaleciam com facilidade, ou melhor, adotávamos sofregamente os que a burguesia europeia tinha elaborado contra arbítrio e escravidão; enquanto na prática, geralmente dos próprios debatedores, sustentado pelo latifúndio, o favor reafirmava sem descanso os sentimentos e as noções em que implica. O mesmo se passa no plano das instituições, por exemplo com burocracia e justiça, que embora regidas pelo clientelismo, proclamavam as formas e teorias do estado burguês moderno. Além dos naturais debates, este antagonismo produziu, portanto, uma coexistência estabilizada – que interessa estudar. Aí a novidade: adotadas as ideias e razões europeias, elas podiam servir e muitas vezes serviram de justificação, nominalmente "objetiva", para o momento de arbítrio que é da natureza do favor. Sem prejuízo de existir, o antagonismo se desfaz em fumaça e os incompatíveis saem de mãos dadas. Esta recomposição é capital. Seus efeitos são muitos, e levam longe em nossa literatura. De ideologia que havia sido – isto é, engano involuntário e bem fundado nas aparências

que determina a direção do movimento; não há por ora no nosso ambiente, a força necessária à invenção de doutrinas novas . Cf. "A nova geração"m,..;,, *Obra Completa*, Aguilar, R. J., 1959, vol. III, p. 826-827.

– o liberalismo passa, na falta de outro termo, a penhor intencional duma variedade de prestígios com que nada tem a ver. Ao legitimar o arbítrio por meio de alguma razão "racional", o favorecido conscientemente engrandece a si e ao seu benfeitor, que por sua vez não vê, nessa era de hegemonia das razões, motivo para desmenti-lo. Nestas condições, quem acreditava na justificação? A que aparência correspondia? Mas justamente, não era este o problema, pois todos reconheciam – e isto sim era importante – a intenção louvável, seja do agradecimento, seja do favor. A compensação simbólica podia ser um pouco desafinada, mas não era mal-agradecida. Ou por outra, seria desafinada em relação ao Liberalismo, que era secundário, e justa em relação ao favor, que era principal. E nada melhor, para dar lustre às pessoas e à sociedade que formam, do que as ideias mais ilustres do tempo, no caso as europeias. Neste contexto, portanto, as ideologias não descrevem sequer falsamente a realidade, e não gravitam segundo uma lei que lhes seja própria – por isso as chamamos de segundo grau. Sua regra é outra, diversa da que denominam; é da ordem do relevo social, em detrimento de sua intenção cognitiva e de sistema. Deriva sossegadamente do óbvio, sabido de todos – da inevitável "superioridade" da Europa – e liga-se ao momento expressivo, de auto-estima e fantasia, que existe no favor. Neste sentido dizíamos que o teste da realidade e da coerência não parecia, aqui, decisivo, sem prejuízo de estar sempre presente como exigência reconhecida, evocada ou suspensa conforme a circunstância. Assim, com método, atribui-se independência à dependência, utilidade ao capricho, universalidade às exceções, mérito ao parentesco, igualdade ao privilégio etc. Combinando-se à prática de que, em princípio, seria a crítica, o Liberalismo fazia com que o pensamento perdesse o pé. Retenha-se no entanto, para analisarmos depois, a complexidade desse passo: ao tornarem-se despropósito, estas ideias deixam também de enganar.

É claro que esta combinação foi uma entre outras. Para o nosso clima ideológico, entretanto, foi decisiva, além de ser aquela em que os problemas se configuram da maneira mais completa e diferente. Por agora bastem alguns aspectos. Vimos que nela as ideias da burguesia – cuja grandeza sóbria remonta ao espírito público e racionalista da Ilustração – tomam função de... ornato e marca de fidalguia: atestam e festejam a participação numa esfera augusta, no caso a da Europa que se... industrializa. O quiproquó das ideias não podia ser maior. A novidade no caso não está no caráter ornamental de saber e cultura, que é da tradição colonial e ibérica; está na dissonância propriamente incrível que ocasionam o saber e a cultura de tipo moderno quando postos neste contexto. São inúteis como um berloque? São brilhantes como uma comenda? Serão a nossa panaceia? Envergonham-nos diante do mundo? O mais certo é que nas idas e vindas de argumento e interesse todos estes aspectos tivessem ocasião de se manifestar, de maneira que na consciência dos mais atentos deviam estar ligados e misturados. Inextricavelmente, a vida ideológica degradava e condecorava os seus participantes, entre os quais muitas vezes haveria clareza disso. Tratava-se, portanto, de uma combinação instável, que facilmente degenerava em hostilidade e crítica as mais acerbas. Para manter-se precisa de cumplicidade permanente, cumplicidade que a prática do favor tende a garantir. No momento da prestação e da contraprestação – particularmente no instante-chave do reconhecimento recíproco – a nenhuma das partes interessa denunciar a outra, tendo embora a todo instante os elementos necessários para fazê-lo. Esta cumplicidade sempre renovada tem continuidades sociais mais profundas, que lhe dão peso de classe: no contexto brasileiro, o favor assegurava às duas partes, em especial à mais fraca, de que nenhuma é escrava. Mesmo o mais miserável dos favorecidos via reconhecida nele, no favor, a sua livre pessoa, o que transformava prestação e contraprestação, por modestas que fossem, numa cerimônia de superioridade social, valiosa em si mesma. Lastreado pelo infinito de dureza e degradação que esconjurava – ou seja a escravidão, de que as duas partes beneficiam e timbram em se diferençar – este reconhecimento é de uma conivência sem fundo, multiplicada, ainda, pela adoção do vocabulário burguês da igualdade, do mérito, do trabalho, da razão. Machado de Assis será mestre nestes meandros. Contudo veja-se também outro lado. Imersos que estamos, ainda hoje, no universo do Capital, que não chegou a tomar forma clássica no Brasil, tendemos a ver esta combinação como inteiramente desvantajosa para nós, composta só de defeitos. Vantagens não há de ter tido; mas para apreciar devidamente a sua complexidade considere-se que as ideias da burguesia, a princípio voltadas contra o privilégio, a partir de 1848 se haviam tornado apologética: a vaga das lutas sociais na Europa mostrara que a universalidade disfarça antagonismos de classe[12]. Portanto, para bem lhe reter o timbre ideológico é preciso considerar que o nosso discurso impróprio era oco também quando usado propriamente. Note-se, de passagem, que este

12 G. Lukács, "Marx und das Problem des Ideologischen Verfalls", in Probleme des Realismus, *Werke*, vol. 4, Luchterhand, Neuwied

padrão iria repetir-se no séc. XX, quando por várias vezes juramos, crentes de nossa modernidade, segundo as ideologias mais rotas da cena mundial. Para a literatura, como veremos, resulta daí um labirinto singular, uma espécie de oco dentro do oco. Ainda aqui, Machado será o mestre.

Em suma, se insistimos no viés que escravismo e favor introduziram nas ideias do tempo, não foi para as descartar, mas para descrevê-las enquanto enviesadas, fora de centro em relação à exigência que elas mesmas propunham, e reconhecivelmente nossas, nessa mesma qualidade. Assim, posto de parte o raciocínio sobre as causas, resta na experiência aquele desconcerto que foi o nosso ponto de partida: a sensação que o Brasil dá de dualismo e factício – contrastes rebarbativos, desproporções, disparates, anacronismos, contradições, conciliações, o que for – combinações que o Modernismo, o Tropicalismo e a Economia Política nos ensinaram a considerar[13]. Não faltam exem-

13 Explorada em outra linha, a mesma observação encontra-se em Sérgio Buarque: Podemos construir obras excelentes, enriquecer nossa humanidade de aspectos novos e imprevistos, elevar à perfeição o tipo de civilização que representamos: o certo é que todo o fruto de nosso trabalho e de nossa preguiça parece participar de um sistema de evolução próprio de outro clima e de outra paisagem. (op. cit., p. 15).

plos. Vejam-se alguns, menos para analisá-los, que para indicar a ubiquidade do quadro e a variação de que é capaz. Nas revistas do tempo, sendo grave ou risonha, a apresentação do número inicial é composta para baixo e falsete: primeira parte, afirma-se o propósito redentor da imprensa, na tradição de combate da Ilustração; a grande seita fundada por Gutenberg afronta a indiferença geral, nas alturas o condor e a mocidade entrevêem o futuro, ao mesmo tempo que repelem o passado e os preconceitos, enquanto a tocha regeneradora do Jornal desfaz as trevas da corrupção. Na segunda parte, conformando-se às circunstâncias, as revistas declaram a sua disposição cordata, de dar a todas as classes em geral e particularmente à honestidade das famílias, um meio de deleitável instrução e de ameno recreio. A intenção emancipadora casa-se com charadas, união nacional, figurinos, conhecimentos gerais e folhetins[14]. Caricatura desta sequência são os versinhos que servem de

14 Ver o Prospecto de *O Espelho*, Revista semanal de literatura, modas, indústria e artes, Typographia de F de Paula Brito, R. J., 1859, n.º 1, p. 1; Introdução da Revista *Fluminense*, Semanário noticioso, literário, científico, recreativo etc., etc., ano , n.º 1, novembro de 1868, p. 1 e 2; *A Marmota na Corte*, Typ. de Paula Brito, n.º 1, 7 de setembro de 1840, p. 1; Revista *Ilustrada*, publicada por Ângelo Agostini, R. J., 1-1-1876, n.º 1; Apresentação de *O Bezouro*, folha humorística e satírica, 1.º Anno, n.º 1, 6 de abril de 1878; Cavaco , in *O Cabrião*, n.º 1, Typ. Imperial, S. P., 1866, p. 2.

epígrafe à *Marmota na Corte*: "Eis a Marmota/ Bem variada/ P'ra ser de todos/ Sempre estimada.// Fala a verdade,/ Diz o que sente,/ Ama e respeita/ A toda gente". Se, noutro campo, raspamos um pouco os nossos muros, mesmo efeito de coisa compósita: "A transformação arquitetônica era superficial. Sobre as paredes de terra, erguidas por escravos, pregavam-se papéis decorativos europeus ou aplicavam-se pinturas, de forma a criar a ilusão de um ambiente novo, como os interiores das residências dos países em industrialização. Em certos exemplos, o fingimento atingia o absurdo: pintavam-se motivos arquitetônicos greco-romanos – pilastras, arquitraves, colunatas, frisas etc. – com perfeição de perspectiva e sombreamento, sugerindo uma ambientação neoclássica jamais realizável com as técnicas e materiais disponíveis no local. Em outros, pintavam-se janelas nas paredes, com vistas sobre ambientes do Rio de Janeiro, ou da Europa, sugerindo um exterior longínquo, certamente diverso do real, das senzalas, escravos e terreiros de serviço"[15]. O trecho refere-se a casas rurais na Província de São Paulo, segunda metade do séc. XIX. Quanto à corte: "A transformação atendia à mu-

15 Nestor Goulart Reis Filho, *Arquitetura Residencial Brasileira no Século XIX*, manuscrito, p. 14- 15.

dança dos costumes, que incluíam agora o uso de objetos mais refinados, de cristais, louças e porcelanas, e formas de comportamento cerimonial, como maneiras formais de servir à mesa. Ao mesmo tempo conferia ao conjunto, que procurava reproduzir a vida das residências europeias, uma aparência de veracidade. Desse modo, os estratos sociais que mais benefícios tiravam de um sistema econômico baseado na escravidão e destinado exclusivamente à produção agrícola procuravam criar, para seu uso, artificialmente, ambientes com características urbanas e europeias, cuja operação exigia o afastamento dos escravos e onde tudo ou quase tudo era produto de importação"[16]. Ao vivo esta comédia está nos notáveis capítulos iniciais do Quincas Borba. Rubião, herdeiro recente, é constrangido a trocar o seu escravo crioulo por um cozinheiro francês e um criado espanhol, perto dos quais não fica à vontade. Além de ouro e prata, seus metais do coração, aprecia agora as estatuetas de bronze – um Fausto e um Mefistófeles – que são também de preço. Matéria mais solene, mas igualmente marcada pelo tempo, é a letra de nosso hino à República, escrita em 1890, pelo poeta decadente Medeiros e Albuquerque. Emoções progressistas a que faltava o natu-

16 Nestor Goulart Reis Filho, op. cit., p. 8.

ral: "Nós nem cremos que escravos outrora /Tenha havido em tão nobre país!" (outrora é dois anos antes, uma vez que a Abolição é de 88). Em 1817, numa declaração do governo revolucionário de Pernambuco, mesmo timbre, com intenções opostas: "Patriotas, vossas propriedades inda as mais opugnantes ao ideal de justiça serão sagradas"[17]. Refere-se aos rumores de emancipação, que era preciso desfazer, para acalmar os proprietários. Também a vida de Machado de Assis é um exemplo, na qual se sucedem rapidamente o jornalista combativo, entusiasta das "inteligências proletárias, das classes ínfimas", autor de crônicas e quadrinhas comemorativas, por ocasião do casamento das princesas imperiais, e finalmente o Cavaleiro e mais tarde Oficial da Ordem da Rosa[18]. Contra isso tudo vai sair a campo Sílvio Romero. "É mister fundar uma nacionalidade consciente de seus méritos e defeitos, de sua força e de seus delíquios, e não arrumar um pastiche, um arremedo de judas das festas populares que só serve para vergonha nossa aos olhos do estrangeiro. (...) Só um remédio existe para tamanho desideratum: mergulharmo-nos na corrente vivificante das ideias naturalistas e monísticas, que vão

17 Viotti da Costa, op. cit., p. 104
18 Jean-Michel Massa, *A Juventude de Machado de Assis*, Ed. Civilização Brasileira, Rio de Janeiro, 1971, p. 15.

transformando o velho mundo"[19]. À distancia é tão clara que tem graça a substituição de um arremedo por outro. Mas é também dramática, pois assinala quanto era alheia a linguagem na qual se expressava, inevitavelmente, o nosso desejo de autenticidade. Ao pastiche romântico iria suceder o naturalista. Enfim, nas revistas, nos costumes, nas casas, nos símbolos nacionais, nos pronunciamentos de revolução, na teoria e onde mais for, sempre a mesma composição "arlequinal", para falar com Mário de Andrade: o desacordo entre a representação e o que, pensando bem, sabemos ser o seu contexto. – Consolidada por seu grande papel no mercado internacional, e mais tarde na política interna, a combinação de latifúndio e trabalho compulsório atravessou impávida a Colônia, Reinados e Regências, Abolição, a Primeira República, e hoje mesmo é matéria de controvérsia e tiros[20]. O ritmo de nossa vida ideológica, no entanto, foi outro, também ele determinado pela dependência do país: à distância acompanhava os passos da Europa. Note--se, de passagem, que é a ideologia da independência que vai transformar em defeito esta combinação; bo-

19 S. Romero, *Ensaios de Crítica Parlamentar*, Moreira, Maximino & Cia, Rio de Janeiro, 1883, p. 15.
20 Para as razões desta inércia, ver Celso Furtado, *Formação econômica do Brasil,* Companhia Editora Nacional, São Paulo, 1971.

bamente, quando insiste na impossível autonomia cultural, e profundamente, quando reflete sobre o problema. Tanto a eternidade das relações sociais de base quanto a lepidez ideológica das "elites" eram parte – a parte que nos toca – da gravitação deste sistema por assim dizer solar, e certamente internacional, que é o capitalismo. Em consequência, um latifúndio pouco modificado viu passarem as maneiras barroca, neoclássica, romântica, naturalista, modernista e outras, que na Europa acompanharam e refletiram transformações imensas na ordem social. Seria de supor que aqui perdessem a justeza, o que em parte se deu. No entanto, vimos que é inevitável este desajuste, ao qual estávamos condenados pela máquina do colonialismo, e ao qual, para que já fique indicado o seu alcance mais que nacional, estava condenada a mesma máquina quando nos produzia. Trata-se enfim de segredo mui conhecido, embora precariamente teorizado. Para as artes, no caso, a solução parece mais fácil, pois sempre houve modo de adorar, citar, macaquear, saquear, adaptar ou devorar, estas maneiras e modas todas, de modo que refletissem, na sua falha, a espécie de torcicolo cultural em que nos reconhecemos. Mas, voltemos atrás. Em resumo, as ideias liberais não se podiam praticar, sendo ao mesmo tempo indescartáveis. Foram postas numa constelação especial, uma constelação prática, a qual formou sistema e não deixaria de afetá-las. Por isso, pouco ajuda insistir na sua clara falsidade. Mais interessante é acompanhar-lhes o movimento, de que ela, a falsidade, é parte verdadeira. Vimos o Brasil, bastião da escravatura, envergonhado diante delas – as ideias mais adiantadas do planeta, ou quase, pois o socialismo já vinha à ordem do dia – e rancoroso, pois não serviam para nada. Mas eram adotadas também com orgulho, de forma ornamental, como prova de modernidade e distinção. E naturalmente foram revolucionárias quando pesaram no Abolicionismo. Submetidas à influência do lugar, sem perderem as pretensões de origem, gravitavam segundo uma regra nova, cujas graças, desgraças, ambiguidades e ilusões eram também singulares. Conhecer o Brasil era saber destes deslocamentos, vividos e praticados por todos como uma espécie de fatalidade, para os quais, entretanto, não havia nome, pois a utilização imprópria dos nomes era a sua natureza. Largamente sentido como defeito, bem conhecido mas pouco pensado, este sistema de impropriedades decerto rebaixava o cotidiano da vida ideológica e diminuía as chances da reflexão. Contudo facilitava o ceticismo em face das ideologias, por vezes bem completo e descansado, e compatível, aliás, com muito verbalismo. Exacerbado um nadinha, dará na força espantosa da visão de Machado de Assis. Ora, o fundamento deste ceticismo não está seguramente na exploração refletida dos limites do pensamento liberal. Está, se podemos dizer assim, no ponto de partida intuitivo, que nos dispensava do esforço. Inscritas num sistema que não descrevem nem mesmo em aparência, as ideias da burguesia viam infirmada já de início, pela evidência diária, a sua pretensão de abarcar a natureza humana. Se eram aceitas, eram-no por razões que elas próprias não podiam aceitar. Em lugar de horizonte, apareciam sobre um fundo mais vasto, que as relativiza: as idas e vindas de arbítrio e favor. Abalava-se na base a sua intenção universal. Assim, o que na Europa seria verdadeira façanha da crítica, entre nós podia ser a singela descrença de qualquer pachola, para quem utilitarismo, egoísmo, formalismo e o que for, são uma roupa entre outras, muito da época mas desnecessariamente apertada. Está-se vendo que este chão social é de consequência para a história da cultura: uma gravitação complexa, em que volta e meia se repete uma constelação na qual a ideologia hegemônica do Ocidente faz figura derrisória, de mania entre manias. O que é um modo, também, de indicar o alcance mundial que têm e podem ter as nossas esquisitices nacionais. Algo de comparável, talvez, ao que se passava na literatura russa. Diante desta, ainda os maiores romances do realismo francês fazem impressão de ingênuos. Por que razão? Justamente, é que a despeito de sua intenção universal, a psicologia do egoísmo racional, assim como a moral formalista, faziam no Império Russo efeito de uma ideologia "estrangeira" e portanto localizada e relativa. De dentro de seu atraso histórico, o país impunha ao romance burguês um quadro mais complexo. A figura caricata do ocidentalizante, francófilo ou germanófilo, de nome frequentemente alegórico e ridículo, os ideólogos do progresso, do liberalismo, da razão, eram tudo formas de trazer à cena a modernização que acompanha o Capital. Estes homens esclarecidos mostram-se alternadamente lunáticos, ladrões, oportunistas, crudelíssimos, vaidosos, parasitas etc. O sistema de ambiguidades assim ligadas ao uso local do ideário burguês, uma das chaves do romance russo, pode ser comparado àquele que descrevemos para o Brasil. São evidentes as razões sociais da semelhança. Também na Rússia a modernização se perdia na imensidão do território e da inércia social, entrava em choque com a instituição servil e com seus restos, choque experimentado como inferioridade e vergonha nacional por muitos, sem prejuízo de dar a outros um critério para medir o desvario do progressismo e do individualismo que o Ocidente impunha e impõe ao mundo. Na exacerbação deste confronto, em que o progresso é uma desgraça e o atraso uma vergonha, está uma das raízes profundas da literatura russa. Sem forçar em demasia uma comparação desigual, há em Machado – pelas razões que sumariamente procurei apontar – um veio semelhante, algo de Gogol, Dostoievski, Gontcharov, Tchecov, e de outros talvez, que não conheço[21]. Em suma, a própria desqualificação do pensamento entre nós, que tão amargamente sentíamos, e que ainda hoje asfixia o estudioso do nosso século XIX, era uma ponta, um ponto nevrálgico por onde passa e se revela a história mundial[22].

21 Para uma construção rigorosa de nosso problema ideológico, em linha um pouco diversa desta, ver Paula Beiguelman, Teoria e Ação no Pensamento Abolicionista, vol. I de *Formação Política do Brasil*, Livraria Pioneira Ed., S. Paulo, 1967, em que há várias citações que parecem sair de um romance russo. Veja-se a seguinte, de Pereira Barreto: De um lado estão os abolicionistas, estribados sobre o sentimentalismo retórico e armados da metafísica revolucionária, correndo após tipos abstratos para realizá-los em fórmulas sociais; de outro estão os lavradores, mudos e humilhados, na atitude de quem se reconhece culpado ou medita uma vingança impossível. P. Barreto é defensor de uma agricultura científica é um progressista do café e nesse sentido acha que a abolição deve ser efeito automático do progresso agrícola. Além de que os negros são uma raça inferior, e é uma desgraça depender deles. Op. cit., p. 159.
22 Antonio Candido lança algumas ideias neste sentido. Procura distinguir uma linhagem malandra em nossa literatura. Veja-se a sua "Dialética da Malandragem", na *Revista do Instituto de Estudos Brasileiros*, São Paulo, 1970, n.º 8. Também os parágrafos sobre a

Ao longo de sua reprodução social, incansavelmente Brasil põe e repõe ideias europeias, sempre em sentido impróprio. É nesta qualidade que elas serão matéria e problema para a literatura. O escritor pode não saber disso, nem precisa, para usá-las. Mas só alcança uma ressonância profunda e afinada caso lhes sinta, registre e desdobre – ou evite – o descentramento e a desafinação. Se há um número indefinido de maneiras de fazê-lo, são palpáveis e definíveis as contravenções. Nestas registra-se, como ingenuidade, tagarelice, estreiteza, servilismo, grosseria etc., a eficácia específica e local de uma alienação de braços longos – a falta de transparência social, imposta pelo nexo colonial e pela dependência que veio continuá-lo. Isso posto, o leitor pouco ficou sabendo de nossa história literária ou geral, e não situa Machado de Assis. De que lhe servem então estas páginas? Em vez do "panorama" e da ideia correlata de impregnação pelo ambiente, sempre sugestiva e verdadeira, mas sempre vaga e externa, tentei uma solução diferente: especificar um mecanismo social, na forma em que ele se torna elemento interno e ativo da cultura; uma dificuldade inescapável tal como o Brasil a punha e repu-

Antropofagia, na Digressão sentimental sobre Oswald de Andrade, in *Vários Escritos*, Livraria Duas Cidades, São Paulo, 1970, p. 84 e ss.

nha aos seus homens cultos, no processo mesmo de sua reprodução social. Noutras palavras, uma espécie de chão histórico, analisado, da experiência intelectual. Pela ordem, procurei ver na gravitação das ideias um movimento que nos singularizava. Partimos da observação comum, quase uma sensação, de que no Brasil as ideias estavam fora de centro, em relação ao seu uso europeu. E apresentamos uma explicação histórica para esse deslocamento, que envolvia as relações de produção e parasitismo no país, a nossa dependência econômica e seu par, a hegemonia intelectual da Europa, revolucionada pelo Capital. Em suma, para analisar uma originalidade nacional, sensível no dia-a-dia, fomos levados a refletir sobre o processo da colonização em seu conjunto, que é internacional. O tic-tac das conversões e reconversões de liberalismo e favor é o efeito local e opaco de um mecanismo planetário. Ora, a gravitação cotidiana das ideias e das perspectivas práticas é a matéria imediata e natural da literatura, desde o momento em que as formas fixas tenham perdido a sua vigência para as artes. Portanto, é o ponto de partida também do romance, quanto mais do romance realista. Assim, o que estivemos descrevendo é a feição exata com que a História mundial, na forma estruturada e cifrada de seus resultados locais, sempre repostos, passa para dentro da escrita, em que agora influi pela via interna – o escritor saiba ou não, queira ou não queira. Noutras palavras, definimos um campo vasto e heterogêneo, mas estruturado, que é resultado histórico, e pode ser origem artística. Ao estudá-lo, vimos que difere do europeu, usando embora o seu vocabulário. Portanto a própria diferença, a comparação e a distância fazem parte de sua definição. Trata-se de uma diferença interna – o descentramento de que tanto falamos – em que as razões nos aparecem ora nossas, ora alheias, a uma luz ambígua, de efeito incerto. Resulta uma química também singular, cujas afinidades e repugnâncias acompanhamos e exemplificamos um pouco. É natural, por outro lado, que esse material proponha problemas originais à literatura que dependa dele. Sem avançarmos por agora, digamos apenas que, ao contrário do que geralmente se pensa, a matéria do artista mostra assim não ser informe: é historicamente formada, e registra de algum modo o processo social a que deve a sua existência. Ao formá-la, por sua vez, o escritor sobrepõe uma forma a outra forma, e é da felicidade desta operação, desta relação com a matéria pré-formada – em que imprevisível dormita a História – que vão depender profundidade, força, complexidade dos resultados. São relações que nada têm de automático, e veremos no detalhe quanto custou, entre

nós, acertá-las para o romance. E vê-se, variando-se
ainda uma vez o mesmo tema, que embora lidando
com o modesto tic-tac de nosso dia-a-dia, e sentado
à escrivaninha num ponto qualquer do Brasil, o nosso romancista sempre teve como matéria, que ordena
como pode, questões da história mundial; e que não
as trata, se as tratar diretamente.

Nacional por subtração

Brasileiros e latino-americanos fazemos constantemente a experiência do caráter postiço, inautêntico, imitado da vida cultural que levamos. Essa experiência tem sido um dado formador de nossa reflexão crítica desde os tempos da Independência. Ela pode ser e foi interpretada de muitas maneiras, por românticos, naturalistas, modernistas, esquerda, direita, cosmopolitas, nacionalistas etc., o que faz supor que corresponda a um problema durável e de fundo. Antes de arriscar uma explicação a mais, digamos portanto que o mencionado mal-estar é um fato.

As suas manifestações cotidianas vão do inofensivo ao horripilante. O Papai Noel enfrentando a canícula em roupa de esquimó é um exemplo de inadequação. Da ótica de um tradicionalista, a guitarra elétrica no país do samba é outro. Entre os representantes do regime de 64 foi comum dizer que o povo brasileiro é despreparado e que democracia aqui não passava de uma impropriedade. No século XIX comentava-se o abismo entre a fachada liberal do Império, calcada no parlamentarismo inglês, e o regime de trabalho efetivo, que era escravo. Mário de Andrade, no "Lundu do escritor difícil", chamava de macaco o compatriota que só sabia das coisas do estrangeiro. Recentemente, quando a política de Direitos Humanos do governo Montoro passou a beneficiar os presos, houve manifestações de insatisfação popular: por que dar garantias aos condenados, se fora da cadeia elas faltam a muita gente? Dessa perspectiva, também os Direitos Humanos seriam postiços no Brasil... São exemplos desencontrados, muito diferentes no calibre, pressupondo modos de ver incompatíveis uns com os outros, mas escolhidos com propósito de indicar a generalidade social de uma certa experiência. Todos comportam o sentimento da contradição entre a realidade nacional e o prestígio ideológico dos países que nos servem de modelo.

Como estamos entre estudantes de Letras, vejamos algo da questão em nosso campo. Nos vinte anos em que tenho dado aula de literatura assisti ao trânsito da crítica por impressionismo, historiografia positivista, *new criticism* americano, estilística, marxismo, fenomenologia, estruturalismo, pós-estruturalismo e agora teorias da recepção. A lista é impressionante e atesta o esforço de atualização e desprovincianização em nossa universidade. Mas é fácil observar que só raramente a passagem de uma escola a outra corresponde, como seria de esperar, ao esgotamento de um projeto; no geral ela se deve ao prestígio americano ou europeu da doutrina seguinte. Resulta a impressão – decepcionante – da mudança sem necessidade interna, e por isso mesmo sem proveito. O gosto pela novidade terminológica e doutrinária prevalece sobre o trabalho de conhecimento, e constitui outro exemplo, agora no plano acadêmico, do caráter imitativo de nossa vida cultural.

Veremos que o problema está mal posto, mas antes disso não custa reconhecer a sua verdade relativa. Tem sido observado que a cada geração a vida intelectual no Brasil parece recomeçar do zero. O apetite pela produção recente dos países avançados muitas vezes tem como avesso o desinteresse pelo trabalho da geração anterior, e a consequente descontinuidade da reflexão. Conforme notava Machado de Assis em 1879, "o influxo externo é que determina a direção do movimento"[1]. Que significa a preterição do influxo interno, aliás menos inevitável hoje do que naquele tempo? Não é preciso ser adepto da tradição ou de uma impossível autarquia intelectual para reconhecer

1 Machado de Assis, "A nova geração". in *Obra completa*, Rio de Janeiro, Aguilar, 1959, v. 3, p. 826.

os inconvenientes desta praxe, a que falta a convicção não só das teorias, logo trocadas, mas também de suas implicações menos próximas, de sua relação com o movimento social conjunto, e, ao fim e ao cabo, da relevância do próprio trabalho e dos assuntos estudados. Percepções e teses notáveis a respeito da cultura do país são decapitadas periodicamente, e problemas a muito custo identificados e assumidos ficam sem o desdobramento que lhes poderia corresponder. O prejuízo acarretado se pode comprovar pela via contrária, lembrando a estatura isolada de uns poucos escritores como Machado de Assis, Mário de Andrade e, hoje, Antonio Candido, cuja qualidade se prende a este ponto. A nenhum deles faltou informação nem abertura para a atualidade. Entretanto, todos souberam retomar criticamente e em larga escala o trabalho dos predecessores, entendido não como peso morto, mas como elemento dinâmico e irresolvido, subjacente às contradições contemporânea.[2]

Não se trata, portanto, de continuidade pela continuidade, mas da constituição de um campo de problemas reais, particulares, com inserção e duração histórica próprias, que recolha as forças em presença

---

2 Para um balanço equilibrado e substancioso do tema, ver do próprio Antonio Candido, "Literatura e subdesenvolvimento", in *A educação pela noite*, São Paulo, Ática, 1987.

e solicite o passo adiante. Sem desmerecer os teóricos da última leva que estudamos em nossos cursos de faculdade, parece evidente que nos situaríamos melhor se nos obrigássemos a um juizo refletido sobre as perpectivas propostas por Silvio Romero, Oswald e Mário de Andrade, Antonio Candido, pelo grupo concretista, pelos Cepecês... Há uma dose de adensamento cultural, dependente de alianças ou confrontos entre disciplinas científicas, modalidades artísticas e posições sociais ou políticas, sem a qual a ideia mesma de ruptura, perseguida no culto ao novo, não significa nada. Isso posto, vale a pena lembrar que aos hispano-americanos o Brasil dá impressão de invejável organicidade intelectual, e que, por incrível que pareça, dentro do relativo eles talvez até tenham razão.

O que fica de nosso desfile de concepções e métodos é pouco, já que o ritmo da mudança não dá tempo à produção amadurecida. O inconveniente é real e faz parte do sentimento de inadequação que foi nosso ponto de partida. Nada mais razoável, portanto, para alguém consciente do prejuízo, que passar ao pólo oposto e imaginar que basta não reproduzir a tendência metropolitana para alcançar uma vida intelectual mais substantiva. A conclusão é ilusória, como se verá, mas tem apoio intuitivo forte. Durante algum tempo ela andou na boca dos nacionalismos de esquerda e direita, convergência que, sendo mau sinal para a esquerda, deu grande circulação social àquele ponto de vista e contribuiu para prestigiar o baixo-nível.

Daí a busca de um fundo nacional genuíno, isto é, não-adulterado: como seria a cultura popular se fosse possível preservá-la do comércio e, sobretudo, da comunicação de massa? O que seria uma economia nacional sem mistura? De 1964 para cá a internacionalização do capital, a mercantilização das relações sociais e a presença da mídia avançaram tanto que estas questões perderam a verossimilhança. Entretanto, há vinte anos apenas elas ainda agitavam a intelectualidade e ocupavam a ordem do dia. Reinava um estado de espírito combativo, segundo o qual o progresso resultaria de uma espécie de reconquista, ou melhor, da expulsão dos invasores. Rechaçado o Imperialismo, neutralizadas as formas mercantis e industriais de cultura que lhe correspondiam, e afastada a parte antinacional da burguesia, aliada do primeiro, estaria tudo pronto para que desabrochasse a cultura nacional verdadeira, descaracterizada pelos elementos anteriores, entendidos como corpo estranho. A ênfase, muito justa, nos mecanismos da dominação norte-americana servia à mitificação da comunidade brasileira, objeto de amor patriótico e subtraída à análise de classe que a tornaria problemática por sua vez. Aqui é preciso uma ressalva: o governo Goulart, durante o qual este sentimento das coisas chegou ao auge, foi um período de acontecimentos extraordinários, com experimentação social e realinhamentos democráticos em larga escala. Não pode ser reduzido às inconsistências de sua auto-imagem-ilustrativas, não obstante, da ilusão própria ao nacionalismo populista, que coloca o mal todo no exterior.

Quando os nacionalistas de direita em 1964 denunciavam como alienígena o marxismo, talvez imaginassem que o fascismo fosse invenção brasileira. Neste ponto, guardadas as diferenças, as duas vertentes nacionalistas coincidiam: esperavam achar o que buscavam através da eliminação do que não é nativo. O resíduo, nesta operação de subtrair, seria a substância autêntica do país. A mesma ilusão funcionou no século XIX, quando entretanto a nova cultura nacional se deveu muito mais à diversificação dos modelos europeus que à exclusão do modelo português. Na outra banda, dos retrógrados, os adversários da descaracterização romântico-liberal da sociedade brasileira, tampouco chegavam ao país autêntico, pois extirpadas as novidades francesas e inglesas ficava restaurada a ordem colonial, isto é, uma criação portuguesa. O paradoxo geral deste tipo de purismo está encarnado na figura de Policarpo Quaresma, a quem o afã de autenticidade leva a se expressar em tupi, língua estranha para ele. Analogamente em *Quarup*, de Antonio Callado, onde o depositário da nação autêntica não é o passado pré-colonial, como queria a figura de Lima Barreto, mas o interior longínquo do território, distante da costa atlântica e de seus contatos estrangeirizantes. Um grupo de personagens identifica no mapa o centro geográfico do país e sai à sua busca. Depois de muita peripécia a expedição chega ao termo da procura, onde encontra – um formigueiro.

Ao nacionalista a padronização e a marca americana que acompanham os veículos de comunicação de massa apareciam como efeitos negativos da presença estrangeira. E claro que à geração seguinte, para quem o novo clima era natural, o nacionalismo é que teria de parecer esteticamente arcaico e provinciano. Pela primeira vez, que eu saiba, entra em circulação o sentimento de que a defesa das singularidades nacionais contra a uniformização imperialista é um tópico vazio. Sobre fundo de indústria cultural, o mal-estar na cultura brasileira desaparece, ao menos para quem queira se iludir.

Também nos anos 60 o nacionalismo havia sido objeto da crítica de grupos que se estimavam mais avançados que ele política e esteticamente. O raciocínio de então vem sendo retomado em nossos dias, mas agora sem luta de classes nem anti-imperialismo, e no âmbito internacionalissimo da comunicação de massas. Nesta atmosfera "global", de mitologia unificada e planetária, o combate por uma cultura "genuína" faz papel de velharia. Fica patente o seu caráter ilusório, além de provinciano e complementar de formas arcaicas de opressão. O argumento é inatacável, mas não custa assinalar que, dado o novo contexto, a ênfase na dimensão internacional da cultura vem funcionando como pura e simples legitimação da mídia. Assim como os nacionalistas atacavam o imperialismo e eram lacônicos quanto à opressão burguesa, os antinacionalistas de agora assinalam a dimensão autoritária e atrasada de seu adversário, com carradas de razão, o que no entanto faria crer que o reinado da comunicação de massa seja libertário ou aceitável do ponto de vista estético. Uma posição crítica e moderna, conformista no fundo. Outra inversão imaginária de papéis: embora se estejam encarreirando no processo ideológico triunfante de nosso tempo, os "globalistas" raciocinam como acossados, ou como se fizessem parte da vanguarda heróica, estética ou libertária, de inícios do século. Alinham-se com o poder como quem faz uma revolução.

Na mesma linha paradoxal, observe-se ainda que imposição ideológica externa e expropriação cultural do povo são realidades que não deixam de existir porque há mistificação na fórmula dos nacionalistas a respeito. Estes mal ou bem estiveram ligados a conflitos efetivos e lhes deram alguma espécie de visibilidade. Ao passo que os modernistas da mídia, mesmo tendo razão em suas críticas, fazem supor um mundo universalista que, este sim, não existe. Trata-se enfim de escolher entre o equívoco antigo e o novo, nos dois casos em nome do progresso. O espetáculo que a Avenida Paulista oferece ao contemplativo pode servir de comparação: a feiúra repulsiva das mansões em que se pavoneava o capital da fase passada parece perversamente tolerável ao pé dos arranha-céus da fase atual, por uma questão de escala, e devido também à poesia que emana de qualquer poder quando ele é passado para trás.

A filosofia francesa recente é outro fator no descrédito do nacionalismo cultural. A orientação antitotalizadora, a preferência por níveis de historicidade alheios ao âmbito nacional, a desmontagem de andaimes convencionais da vida literária (tais como as noções de autoria, obra, influência, originalidade etc.) desmancham, ou, ao menos, desprestigiam a correspondência romântica entre o heroismo do indivíduo, a realização da grande obra e a redenção da coletividade, correspondência cujo valor de conhecimento e potencial de mistificação não são desprezíveis e que anima os esquemas do nacionalista. O esvaziamento pode ser fulminante e convencer em parte, além de render conforto ao sentimento nacional onde menos se espera.

Conforme sugere o lugar-comum, a cópia é secundária em relação ao original, depende dele, vale menos etc. Esta perspectiva coloca um sinal de menos diante do conjunto dos esforços culturais do continente e está na base do mal-estar intelectual que é nosso assunto. Ora, demonstrar o infundado de hierarquias desse gênero é uma especialidade da filosofia europeia atual, p. ex., de Foucault e Derrida. Por que dizer que o anterior prima sobre o posterior, o modelo sobre a imitação, o central sobre o periférico, a infra-estrutura econômica sobre a vida cultural e assim por diante? Segundo os filósofos em questão, trata-se de condicionamentos (mas são de mesma ordem?) preconceituosos, que não descrevem a vida do espírito em seu movimento real, antes refletindo a orientação inerente às ciências humanas tradicionais. Seria mais exato e neutro imaginar uma sequência infinita de transformações, sem começo nem fim, sem primeiro ou segundo, pior ou melhor. Salta à vista o alívio proporcionado ao amor-próprio e também à inquietação do mundo subdesenvolvido, tributário, como diz o nome, dos países centrais. De atrasados passaríamos a adiantados, de desvio a paradigma, de inferiores a superiores (aquela mesma superioridade, aliás, que esta análise visa suprimir), isto porque os países que vivem na humilhação da cópia explícita e inevitável estão mais preparados que a metrópole para abrir mão das ilusões da origem primeira (ainda que a lebre tenha sido levantada lá e não aqui). Sobretudo o problema da cultura reflexa deixaria de ser particularmente nosso, e, de certo ângulo, em lugar da almejada europeização ou americanização da América Latina, assistiríamos à latino-americanização das culturas centrais. Leiam-se, desse ponto de vista, "O entre-lugar do discurso latino-americano", de Silviano Santiago (*Uma literatura nos trópicos*, São Paulo, Perspectiva, 1978), e "Da razão antropofágica: diálogo e diferença na cultura brasileira", de Haroldo de Campos (*Boletim Bibliográfico Biblioteca Mário de Andrade*, São Paulo, v. 44, jan./dez. 1983).

Resta ver se o rompimento conceitual com o primado da origem leva a equacionar ou combater relações de subordinação efetiva. Será que as inovações do mundo avançado se tornam dispensáveis uma vez desvestidas do prestígio da originalidade? Tampouco basta privá-las de sua auréola para estar em condição de utilizá-las livremente e transformá-las de modo a que não sejam postiças. Contrariamente ao que aquela análise faz supor, a quebra do deslumbramento cultural do subdesenvolvido não afeta o fundamento da situação, que é prático. A reprodução de soluções de ponta responde a necessidades culturais, econômicas e políticas de que a noção de cópia, com sua conotação psicologizante, não dá ideia e as quais não especifica. Em decorrência o exame desta noção, se ficar no mesmo plano, sofre de limitação igual, e a radicalidade de uma análise que passa ao largo das causas eficazes tem por sua vez alguma coisa de enganoso. Digamos que a fatalidade da imitação cultural se prende a um conjunto particular de constrangimentos históricos em relação ao qual a crítica de corte filosófico abstrato, como essa a que nos referimos, parece impotente. Ainda aqui o nacionalismo é argumentativamente a parte fraca, mas nem por isso sua superação filosófica satisfaz, pois nada diz sobre as realidades a que ele deve a força. Entre parêntesis, note-se que nestes últimos tempos a quase ausência do nacionalismo no debate intelectual sério tem andado ao par com a sua presença crescente na área da administração da cultura, onde para mal ou para bem não há como fugir à existência efetiva da dimensão nacional. A volta pela outra porta reflete um paradoxo incontornável do presente, em que o espaço econômico está inter- nacionalizado (o que é diferente de homogeneizado), mas a arena política não.

Na década de 1920 o programa pau-brasil e antropofágico de Oswald de Andrade também tentou uma interpretação triunfalista de nosso atraso. A dissonância entre padrões burgueses e realidades derivadas do patriarcado rural forma no centro de sua poesia. Ao primeiro dos dois elementos cabe o papel de veleidade disparatada ("Rui Barbosa: uma cartola na Senegâmbia"). O desajuste não é encarado como vexame, e sim com otimismo – aí a novidade – como indício de inocência nacional e da possibilidade de um rumo histórico alternativo, quer dizer, não-burguês. Este progressismo *sui generis* se completa pela aposta na tecnificação: inocência brasileira (fruto de cristianização e aburguesamento apenas superficiais) + técnica = utopia. A ideia é aproveitar o progresso material moderno para saltar da sociedade pré-burguesa diretamente ao paraíso. O próprio Marx, na carta famosa a Vera Sassulitch (1881), especulava sobre uma hipótese parecida, segundo a qual a comuna camponesa russa alcançaria o socialismo sem interregno capitalista, graças aos meios que o progresso do Ocidente colocava à sua disposição. Neste mesmo sentido, ainda que em registro onde piada, provocação, filosofia da história e profetismo estão indistintos (como aliás mais tarde em Glauber Rocha), a Antropofagia visava queimar uma etapa.

Voltando porém ao sentimento de cópia e inadequação causado no Brasil pela cultura ocidental, está claro que o programa de Oswald lhe alterava a tônica. E o primitivismo local que devolverá à cansada cultura europeia o sentido moderno, quer dizer, livre da maceração cristã e do utilitarismo capitalista. A experiência brasileira seria um ponto cardeal diferenciado e com virtualidade utópica no mapa da história contemporânea (algo semelhante está insinuado nos poemas de Mário de Andrade e Raul Bopp sobre a preguiça amazônica). Foi profunda portanto a viravolta valorativa operada pelo Modernismo: pela primeira vez o processo em curso no Brasil é considerado e sopesado diretamente no contexto da atualidade mundial, como tendo algo a oferecer no capítulo. Em lugar de embasbacamento, Oswald propunha uma postura cultural irreverente e sem sentimento de inferioridade, metaforizado na deglutição do alheio: cópia sim, mas regeneradora. A distância no tempo torna visível a parte de ingenuidade e também ufanismo nestas propostas extraordinárias.

A voga dos manifestos oswaldianos a partir da década de 1960, e sobretudo nos anos 1970, ocorre em contexto muito diverso do primitivo. O pano de fundo agora é dado pela ditadura militar, ávida de progresso técnico, aliada ao grande capital, nacional e internacional, e menos repressiva que o esperado em matéria de costumes. No outro campo, a tentativa de passar à guerra revolucionária para derrubar o capitalismo também alterava as acepções do que fosse "radical". Em suma, nada a ver com a estreiteza provinciana dos anos 20, por oposição à qual a rebelião antropofágica fazia figura libertária e esclarecida em alto grau. Nas novas circunstâncias o otimismo técnico tem pernas curtas, ao passo que a irreverência cultural e o deboche próprios à devoração oswaldiana adquirem conotação exasperada[3], próxima da ação direta, sem prejuízo do resultado artístico muitas vezes bom. Em detrimento da limpidez construtiva e do lance agudo, tão peculiares ao espírito praticado por Oswald, sobe a cotação dos procedimentos primários e avacalhantes, que ele também cultivava. A deglutição sem culpa pode exemplificar uma evolução desta espécie. O que era liberdade em face do catolicismo, da burguesia e do deslumbramento diante da Europa é hoje, nos anos 80, um álibi desajeitado e rombudo para lidar acriticamente com as ambiguidades da cultura de massa, que pedem lucidez. Como não notar que o sujeito da Antropofagia – semelhante, neste ponto, ao nacionalismo – é o brasileiro em geral, sem especi-

3 A observação é de Vinicius Dantas.

ficação de classe? Ou que a analogia com o processo digestivo nada esclarece da política e estética do processo cultural contemporâneo?

Em síntese, desde o século passado existe entre as pessoas educadas do Brasil – o que é uma categoria social, mais do que um elogio – o sentimento de viverem entre instituições e ideias que são copiadas do estrangeiro e não refletem a realidade local. Contudo, não basta renunciar ao empréstimo para pensar e viver de modo mais autêntico. Aliás, esta renúncia não é pensável. Por outro lado, a destruição filosófica da noção de cópia tampouco faz desaparecer o problema. Idem para a inocência programática com que o antropófago ignora o constrangimento, o qual teima em reaparecer. "Tupi or not Tupi, that is the question", na famosa fórmula de Oswald, cujo teor de contradição – a busca da identidade nacional passando pela língua inglesa, por uma citação clássica e um trocadilho – diz muito sobre o impasse.

Vista em perspectiva histórica a questão talvez se descomplique. Silvio Romero tem excelentes observações a respeito, de mistura com vários absurdos. O trecho que vamos citar e comentar está num livro escrito em 1897 contra Machado de Assis, justamente para provar que a arte deste não passava de anglomania inepta, servil, inadequada etc.

Deu-se, entretanto, uma espécie de disparate [...]: uma pequena elite intelectual separou-se notavelmente do grosso da população, e, ao passo que esta permanece quase inteiramente inculta, aquela, sendo em especial dotada da faculdade de aprender e imitar, atirou-se a copiar na política e nas letras quanta coisa foi encontrando no Velho Mundo, e chegamos hoje ao ponto de termos uma literatura e uma política exóticas, que vivem e procriam em uma estufa, sem relações com o ambiente e a temperatura exterior. E este o mal de nossa habilidade ilusória e falha de mestiços e meridionais, apaixonados, fantasistas, capazes de imitar, porém organicamente impróprios para criar, para inventar, para produzir coisa nossa e que saia do fundo imediato ou longínquo de nossa vida e de nossa história.

Durante os tempos coloniais, a hábil política da segregação, afastando-nos dos estrangeiros, manteve-nos um certo espírito de coesão. Por isso tivemos Basílio, Durão, Gonzaga, Alvarenga Peixoto, Claudio e Silva Alvarenga, que se moveram num meio de ideias puramente portuguesas e brasileiras.

Com o primeiro imperador e a Regência, a pequena fresta (aberta) no muro de nosso isolamento por D. João VI alargou- se, e começamos a copiar o romantismo político e literário dos franceses.

Macaqueamos a carta de 1814, transplantamos para cá as fantasias de Benjamin Constant, arremedamos o parlamentarismo e a política constitucional do autor de Adolphe, de mistura com a poesia e os sonhos do autor de René e Atala.

O povo, este continua a ser analfabeto.

O segundo reinado, com sua política vacilante, incerta, incapaz, durante cinquenta anos, escancarou todas as portas, e fê-lo tumultuariamente, sem discrímem, sem critério. A imitação, a macaqueação de tudo, modas, costumes, leis, códigos, versos, dramas, romances, foi a regra geral.

A comunicação direta para o velho continente pelos paquetes de linha regular engrossou a corrente da imitação, da cópia servil.

[...]

E eis porque, como cópia, como arremedo, como pastiche para inglês ver, não há povo que tenha melhor constituição no papel, [...]

tudo melhor... no papel. A realidade é horrível![4]

As descrições e as explicações de Silvio são desen-
contradas, às vezes incompatíveis, e interessam ora
pelo argumento, ora pela ideologia característica. Ao
leitor de hoje convém examiná-las em separado. O
esquema básico seria o seguinte: uma pequena elite
dedica-se a copiar a cultura do Velho Mundo, desta-
cando-se assim do grosso do povo, que permanece in-
culto. Em consequência, literatura e política têm posição exótica e seremos incapazes de criar coisa nossa,
que saia do fundo de nossa vida e história. Implícita
na reclamação está a norma da cultura nacional orgâ-
nica, passavelmente homogênea e com fundo popular, norma aliás que não pode ser reduzida a uma ilusão da historiografia literária ou do Romantismo, pois
em certa medida expressa as condições da cidadania
moderna. E por oposição a ela que o quadro brasileiro
– minoria europeizada, maioria ignorante – configu-
ra um disparate. Por outro lado, para situá-la realis-
ticamente, note-se que a exigência de organicidade
coincidia no tempo com a expansão de Imperialismo

4 Silvio Romero, *Machado de Assis*. Rio de Janeiro, Laemmert & C.,
1897, p. 121-3.

e ciência organizada, duas tendências que tornavam obsoleta a hipótese de uma cultura nacional autocentrada e harmônica.

O pecado original, causa da desconexão, foi a cópia. Os efeitos negativos dela entretanto estão no plano da cisão social: cultura sem relações com o ambiente, produção que não sai do fundo de nossa vida. Ora, a desproporção entre efeitos e causa é tamanha que leva a duvidar desta última e a desconsiderá-la. São as indicações mesmas do Autor que convidam a raciocinar em linha diferente da sua. Abrindo um parêntesis, note-se que o próprio do disparate é ser evitável e que, de fato, o argumento e a invectiva de Silvio fazem crer que é obrigação da elite corrigir o erro que a distanciou da população. A crítica ambicionava tornar intolerável o abismo entre as classes, quer dizer, intolerável para os cultos, já que no Brasil recém-saído da escravatura a debilidade do campo popular desestimulava outras noções.

Assim, a origem de nosso disparate cultural está na aptidão imitativa de mestiços e meridionais, pouco dotados para a criação. A petição de princípio é óbvia, pois a imitação se explica pela bossa – racial – para aquela mesma imitação que se queria explicar, no que aliás o Autor imitava o naturalismo científico em voga na Europa. São explicações hoje difíceis de levar a sério, e que no entanto merecem exame enquanto voz corrente e mecanismo ideológico. Se a causa da tendência brasileira para a cópia é racial, por que só a elite terá copiado? Por outro lado é claro que, se todos copiassem, desapareceriam como por encanto os mencionados efeitos de "exotismo" (falta de relações com o ambiente) e "disparate" (separação entre elite e povo), e, com eles, todo o problema. Este portanto não se devia à cópia, mas ao fato de que só uma classe copiava. A explicação não deve ser de raça, mas de classe.

Nos parágrafos seguintes Silvio esboça o histórico do vício imitativo da cultura brasileira. O ponto zero da evolução está no período colonial, quando os escritores se moviam "num meio de ideias puramente portuguesas e brasileiras". Entretanto, a distância entre elite e população seria menor naquele tempo? o amor da cópia menos vivo? Seguramente não, e aliás não é isso que está dito. A coesão a que se refere a passagem era de outra ordem, efeito da "hábil política da segregação" (!), que separava o Brasil de tudo que não fosse português. A comparação noutras palavras é sem objeto, pois num caso a exigência de homogeneidade se aplica a uma estrutura social, extraordinária pela desigualdade, e no outro à proibição de ideias estrangeiras. Contudo, se a explicação não convence, a observação que ela devia esclarecer é justa: antes do século XIX, a cópia do modelo europeu e a distância entre letrados e população não constituíam "disparate". Digamos, esquematizando ao extremo, que na situação colonial o letrado é solidário da metrópole, da tradição do Ocidente e também de seus confrades, mas não da população local. Nestas circunstâncias, o cultivo do padrão metropolitano e o afastamento cultural em relação ao meio não aparecem como deficiência, até pelo contrário. Acresce que a estética neoclássica é universalista e valoriza o respeito e a prática das formas canônicas, de modo que também no plano da teoria da arte a imitação aparecia como um valor positivo. Na boa observação de Antonio Candido, o poeta árcade que metia uma ninfa no ribeirão do Carmo não estava faltando com a originalidade: incorporava Minas Gerais à tradição do Ocidente, e, meritoriamente, cultivava esta mesma tradição naquelas afastadas terra.[5]

Portanto a cópia não nasceu com a abertura dos portos e a Independência, como queria Silvio, mas é verdade que só a partir daí ela se torna o insolúvel problema que até hoje se discute e que solicita termos

5 Antonio Candido, *Formacão da literatura brasileira*, São Paulo, Martins. 1969, v. 1, p. 74.

como macaqueação, arremedo ou pastiche. Por que motivo a imitação passava a ter conotação pejorativa?

É sabido que a Independência brasileira não foi uma revolução: ressalvadas a mudança no relacionamento externo e a reorganização administrativa no topo, a estrutura econômico-social criada pela exploração colonial continuava intacta, agora em benefício das classes dominantes locais. Diante dessa persistência, era inevitável que as formas modernas de civilização, vindas na esteira da emancipação política e implicando liberdade e cidadania, parecessem estrangeiras – ou postiças, antinacionais, emprestadas, despropositadas etc., conforme a preferência dos diferentes críticos. A violência da adjetivação indica as contorções do amor-próprio brasileiro (de elite), obrigado a desmerecer em nome do progresso os fundamentos de sua preeminência social, ou vice-versa, opção deprimente nos dois casos. De um lado, tráfico negreiro, latifúndio, escravidão e mandonismo, um complexo de relações com regra própria, firmado durante a Colônia e ao qual o universalismo da civilização burguesa não chegava; de outro, sendo posto em xeque pelo primeiro, mas pondo-o em xeque também, a Lei (igual para todos), a separação entre o público e o privado, as liberdades civis, o parlamento, o patriotismo romântico etc. A convivência familiar e estabilizada entre estas concepções em princípio incompatíveis esteve no centro da inquietação ideológico-moral do Brasil oitocentista. A uns a herança colonial parecia um resíduo que logo seria superado pela marcha do progresso. Outros viam nela o país autêntico, a ser preservado contra imitações absurdas. Outros ainda desejavam harmonizar progresso e trabalho escravo, para não abrir mão de nenhum dos dois, e outros mais consideravam que esta conciliação já existia e era desmoralizante. A crítica de Silvio por sua vez, contemporânea do declínio do Segundo Reinado, usa argumentos conservadores dentro de ânimo progressista: salienta o país "real", fruto e continuação do autoritarismo da Colônia, mas para combatê-lo; e menospreza o país "ilusório", das leis, dos bacharéis, da cultura importada, depreciado por inoperante. Daí a sua observação: "não há povo que tenha melhor constituição no papel [...]. A realidade é horrível!".

A lista de arremedos lembrada por Silvio e que a alfândega faria bem de barrar inclui modas, costumes, leis, códigos, versos, dramas e romances. Um a um, medidos pela realidade social do país, estes itens efetivamente podiam parecer importação supérflua, destinada a tapar a indigência real e a encenar a ilusão do progresso. Vistos em conjunto, entretanto, são aspectos da constituição e do aparelhamento do novo Estado nacional, bem como da participação das novas elites na cultura contemporânea. Sem prejuízo da aparência postiça, estranha ao andamento cotidiano dos negócios, este dado é mais inseparável do quadro que a própria escravidão, a qual adiante seria substituída por outras formas de trabalho compulsório, também elas incompatíveis com a pretensão esclarecida. Corrido o tempo, a marca ubíqua de "inautenticidade" veio a ser concebida como a parte mais autêntica do espetáculo brasileiro, algo como um penhor de identidade. Privados de seu contexto oitocentista europeu e acoplados ao mundo da sociabilidade colonial, os melhoramentos da civilização que importávamos passavam a operar segundo outra regra, diversa da consagrada nos países hegemônicos. Dai o sentimento tão difundido de pastiche indigno, a que escapava Machado de Assis, cuja grande imparcialidade permitia ver um modo particular de funcionamento ideológico onde os demais críticos só enxergavam esvaziamento. Em palavras de Sérgio Buarque de Holanda: "A presteza com que na antiga colônia chegara a difundir-se a pregação das 'ideias novas', e o fervor com que em muitos círculos elas foram abraçadas às vésperas da Independência, mostram de modo inequívoco a possibilidade que tinham de atender a um desejo insofrido de mudar, à generalizada certeza de que o povo, afinal, se achava amadurecido para a mudança. Mas também é claro que a ordem social expressa por elas estava longe de encontrar aqui o seu equivalente exato, mormente fora dos meios citadinos. Outra era a articulação da sociedade, outros os critérios básicos de exploração econômica e da repartição de privilégios, de sorte que não podiam, essas ideias, ter o sentido que lhes era dado em parte da Europa ou da antiga América inglesa [...]. O resultado é que as fórmulas e palavras são as mesmas, embora fossem diversos o conteúdo e o significado que aqui passavam a assumir".[6]

Digamos que o passo da Colônia ao Estado autônomo acarretava a colaboração assídua entre as formas de vida características da opressão colonial e as inovações do progresso burguês. A nova etapa do capitalismo desmanchava a relação exclusiva com a metrópole, transformava os proprietários locais e administradores em classe dominante nacional, virtualmente parte da burguesia mundial em constituição, e conservava entretanto as antigas formas de exploração do trabalho, cuja redefinição moderna até hoje

6 Sérgio Buarque de Holanda, Do Império à República, t. 2, v. 5 da *História geral da civilização brasileira*, dirigida pelo mesmo Autor, São Paulo, Difel, 1977, p. 77-8.

não se completou. Noutras palavras, a discrepância entre os "dois Brasis" não é produzida pela veia imitativa, como pensavam Silvio e muitos outros, nem marca um curto momento de transição. Ela foi o resultado duradouro da criação do Estado nacional sobre base de trabalho escravo, a qual por sua vez, com perdão da brevidade, decorria da Revolução Industrial inglesa e da consequente crise do antigo sistema colonial, quer dizer, decorria da história contemporânea.[7] Assim, a má-formação brasileira, dita atrasada, manifesta a ordem da atualidade a mesmo título que o progresso dos países adiantados. Os "disparates" de Silvio – na verdade as desarmonias ciclópicas do capitalismo mundial – não são desvios. Prendem-se à finalidade mesma do processo, que, na parte que coube ao Brasil, exige a reiteração do trabalho forçado ou semi-forçado e a decorrente segregação cultural dos pobres. Com modificações, muito disso veio até os nossos dias. No momento o panorama parece estar mudando, devido a consumo e comunicação de massas, cujo efeito à primeira vista é anti-segregador.

7 Emília Viotti da Costa, *Da Monarquia à República: momentos decisivos*, São Paulo, Grijalbo, 1977, cap. I; Luiz Felipe de Alencastro, "La traite négrière et l'unité nationale brésilienne", *Revue Française de l'Histoire d'Outre Mer*, t. 66, n. 244-5, 1979; Fernando Novais, "Passagens para o Novo Mundo", *Novos Estudos Cebrap*, São Paulo, Cebrap, n. 9, jul. 1984.

São os novissimos termos da opressão e expropriação cultural, pouco examinados por enquanto.

Assim, a tese da cópia cultural é ideologia na acepção marxista do termo, quer dizer, uma ilusão bem fundada nas aparências: a coexistência entre princípios burgueses e do antigo regime, fato muito notório e glosado, é explicada segundo um esquema plausível, de alcance abrangente e fundamento individualista, em que efeitos e causas estão trocados em toda linha.

A cópia tem por consequência, segundo Silvio, a falta de denominador comum entre a cultura do povo e da elite, bem como a pouca impregnação nacional desta última. Por que não fazer o raciocínio inverso? Neste caso, a feição "copiada" de nossa cultura resultaria de formas de desigualdade brutais a ponto de lhes faltarem mínimos de reciprocidade – o denominador comum ausente – sem os quais a sociedade, moderna de fato só podia parecer artificiosa e "importada". O descaso impatriótico (adotada a ideia de nação que era norma) da classe dominante pelas vidas que explorava a tornava estrangeira em seu próprio juizo... A origem colonial e escravista destas causas salta aos olhos.

As deficiências comumente associadas à imitação explicam-se da mesma maneira. Conforme os seus críticos, a cópia está nos antípodas de originalidade, criação com sentido nacional, juízo independente e adequado às circunstâncias etc. Ora, no extremo a dominação absoluta faz que a cultura nada expresse das condições que lhe dão vida, se excetuarmos o traço de futilidade que resulta disso mesmo e que alguns escritores souberam explorar. Daí "uma literatura e uma política exóticas", sem ligação com o "fundo imediato ou longínquo de nossa vida e de nossa história", assim como a ausência de "discrímem" e "critério", e sobretudo a convicção muito pronunciada de que é tudo só papel. Noutras palavras, o sentimento aflitivo da civilização imitada não é produzido pela imitação, presente em qualquer caso, mas pela estrutura social do país, que confere à cultura uma posição insustentável, contraditória com o seu autoconceito, e que entretanto já na época não era tão estéril quanto os argumentos de Silvio fazem crer. Complementarmente, a esfera segregada tampouco permanecia improdutiva, e suas manifestações mais adiante teriam, para o intelectual de extração culta, o valor de uma componente não-burguesa da vida nacional, servindo-lhe como fixador da identidade brasileira (com as ambiguidades óbvias).

A denúncia do transplante cultural veio a ser o eixo de uma perspectiva crítica ingênua e difundida. Para concluir, vejamos alguns de seus inconvenientes.

1) Ela faz supor que a imitação seja evitável, aprisionando o leitor num falso problema.

2) O que é um mal-estar de classe dominante, ligado à dificuldade de conciliar moralmente as vantagens do progresso e do escravismo ou sucedâneos, aparece como feição nacional.

3) Fica sugerido que as elites se poderiam conduzir de outro modo, sanando o problema, o que equivale a pedir que o beneficiário de uma situação acabe com ela.

4) Por sua lógica o argumento oculta o essencial, pois concentra a crítica na relação entre elite e modelo, quando o ponto decisivo está na segregação dos pobres, excluídos do universo da cultura contemporânea.

5) A solução implícita está na auto-reforma da classe dominante, a qual deixaria de imitar; conforme vimos não é disso que se trata, mas do acesso dos trabalhadores aos termos da atualidade, para que os possam retomar segundo o seu interesse, o que – neste campo – vale como definição de democracia.

6) Quem diz cópia pensa nalgum original, que tem a precedência, está noutra parte, e do qual a primeira é o reflexo inferior. Esta diminuição genérica frequentemente responde à consciência que têm de si as elites latino-americanas, e dá consistência mítica,

no plano da cultura, sob forma de especializações regionais do espírito, às desigualdades econômico-tecnológico-políticas próprias ao quadro internacional (o autêntico e criativo está para a imitação como os países adiantados para os atrasados). Nem por isso adianta passar ao pólo oposto: as objeções filosóficas ao conceito de originalidade levam a considerar inexistente um problema efetivo, que seria absurdo desconhecer. A historiografia da cultura ficou devendo o passo globalizante dado pela economia e sociologia de esquerda, que estudam o nosso "atraso" como parte da história contemporânea do capital e de seus avanços[8]. Visto do ângulo da cópia, o anacronismo formado pela justaposição de formas da civilização moderna e realidades originadas na Colônia é um modo de não-ser, ou ainda, a realização vexatoriamente imperfeita de um modelo que está alhures. Já o crítico dialético busca no mesmo anacronismo uma figura da atualidade e de seu andamento promissor, grotesco ou catastrófico.

7) A ideia de cópia discutida aqui opõe o nacional ao estrangeiro e o original ao imitado, oposições que são irreais e não permitem ver a parte do estrangei-

8 Ver Celso Furtado, *A pré-revolução brasileira*, Rio de Janeiro, Fundo de Cultura, 1962, e Fernando H. Cardoso, *Empresário industrial e desenvolvimento económico no Brasil*, São Paulo, Difel, 1964.

ro no próprio, a parte do imitado no original, e também a parte original no imitado (Paulo Emilio Salles Gomes fala de "nossa incompetência criativa em copiar"[9].) Salvo engano, o quadro pressupõe o seguinte arranjo de três elementos: um sujeito brasileiro, a realidade do país, a civilização das nações adiantadas – sendo que a última ajuda o primeiro a esquecer a segunda. Também este esquema é irreal e impede de notar o que importa, a saber, a dimensão organizada e cumulativa do processo, a força potenciadora da tradição, mesmo ruim, as relações de poder em jogo, internacionais inclusive. Sem prejuízo de seus aspectos inaceitáveis – para quem? – a vida cultural tem dinamismos próprios, de que a eventual originalidade, bem como a falta dela, são elementos entre outros. A questão da cópia não é falsa, desde que tratada pragmaticamente, de um ponto de vista estético e político, e liberta da mitológica exigência da criação a partir do nada.

9 Paulo Emílio Salles Gomes, *Cinema: trajetória no subdesenvolvimento*, Rio de Janeiro, Paz e Terra, 1980, p. 77.

CaDERNOS ULTRaMaRES

1. **O movimento modernista** *Mário de Andrade*

2. **As ideias fora do lugar** *Roberto Schwarz*

3. **Temporalidades** *Gabriel Cohn*

4. **O ressentimento no Brasil** *Maria Rita Kehl*

5. **A grande porta do medo** *Rogério Duarte*

6. **O entre-lugar do discurso latino-americano** *Silviano Santiago*

7. **A fratura brasileira do mundo** *Paulo Arantes*

8. **A Gaia Ciência — Literatura e música popular no Brasil** *José Miguel Wisnik*

9. **Breve história crítica do feminismo no Brasil** *Carla Rodrigues*

10. **A paixão de Clarice** *Benedito Nunes*

11. **Vampiros & coqueiros** *Jorge Mautner*

12. **O homem cordial** *Sérgio Buarque de Holanda*

13. **Pedaços** *Luiz Rosemberg Filho*

14. **Antropofagia Zumbi** *Suely Rolnik*

15. **Alegoria, modernidade, nacionalismo** *Ismail Xavier*

16. **O dois e seu múltiplo** *Tânia Stolze Lima*

17. **A roupa da Rachel** *Heloísa Buarque de Hollanda*

18. **Experimentar o experimental** *Hélio Oiticica*

19. **O futuro da ideia de autor** *Francisco Bosco*

20. **A estética do frio** *Vitor Ramil*

21. **No palácio de Moebius** *Nuno Ramos*

22. **Sobre a potência política do inumano** *Vladimir Safatle*

23. **O problema da filosofia no Brasil** *Bento Prado Jr.*

24. **Toda comunidade é fascista? Um elogio do nomadismo** *Márcio Seligmann-Silva*

25. **Revisão dos cem anos de canção brasileira** *Luiz Tatit*

26. **A produção tardia do teatro moderno no Brasil** *Iná Camargo Costa*

27. **O espetáculo da miscigenação** *Lilia Moritz Schwarcz*

28. **Textos tropicais** *Antonio Risério*

29. **Geração revoltada** *Antônio de Alcântara Machado*

30. **She don't lie** *Tales Ab'Saber*

31. **Retrato do Brasil — parte I** *Paulo Prado*

32. **Retrato do Brasil — parte II** *Paulo Prado*

33. **Discurso aos tupiniquins ou nambás** *Mário Pedrosa*

34. **Arte e tecnologia** *Mário Schenberg*

35. **Política urbana no Brasil** *Raquel Rolnik*

36. **Mística e antimística** *Eduardo Guerreiro B. Losso*

37. **Surrealismo no Brasil** *Claudio Willer*

38. **A inserção do negro e seus dilemas** *Joel Rufino dos Santos*

39. **Arte afro-brasileira: o que é afinal?** *Kabengele Munanga*

40. **"Cultura" e cultura: conhecimentos tradicionais e direitos intelectuais** *Manuela Carneiro da Cunha*

41. **Zoopoéticas contemporâneas** *Maria Esther Maciel*

42. **Ouvindo Racionais MC's** *Walter Garcia*

43. **Cultura e alienação** *Darcy Ribeiro*

44. **Borges e Machado: clássicos e formativos** *Luís Augusto Fischer*

45. **Por um cinema sem limite** *Rogério Sganzerla*

46. **Do quasi cinema ao transcinema** *Katia Maciel*

47. **A melancolia de Ulisses** *Olgária Matos*

48. **Jamais fomos humanos** *Fréderic Vandenberghe*

49. **Mal-estar, sofrimento e sintoma** *Christian Dunker*

50. **O ensaio como narrativa** *Pedro Duarte*

51. **Manifesto dos educadores** *1932-1959*

52. **Em busca da sociologia não paroquial** *Renan Springer de Freitas*

53. **Inquérito nacional de arquitetura** *1961*

54. **Tradição delirante** *Ericson Pires*